LA TIBIA MANO DE MI HIJA

ANTOLOGÍA POÉTICA
FRANCISCA AGUIRRE

ILUSTRACIONES DE
GUADALUPE GRANDE

Selección y epílogo de
Raquel Ramírez de Arellano

kalandraka

Índice

FRONTERA

Yo, que llegué a la vida demasiado pronto,
que fui –que soy– la que se anticipó,
la que acudió a la cita antes de tiempo
y tuvo que esperar en la consigna
viendo pasar el equipaje de la vida
desde el banco neutral de la deshora.

Yo, que nací en el treinta, cuando es cierto
–como todos sabéis– que nunca debí hacerlo,
que hubiera yo debido meditarlo antes,
tener un poco de paciencia y tino
y no ingresar en ese tiempo loco
que cobra su alquiler en monedas de espanto.

Yo, que vengo pagando mi imprudencia,
que le debo a mi prisa mi miseria,
que hube de trocear mi corazón en mil pedazos
para pagar mi puesto en el desierto,
yo, sabedlo, llegué tarde una vez a la frontera.

Yo, que tanto me había anticipado,
no supe anticiparme un poco más
(al fin y al cabo para pagar
en monedas de sangre y de desdicha
qué pueden importar algunos años).
Yo, que no supe nacer en el cuarenta y cinco,
cometí el desafuero, oídlo,
de llegar tarde a la frontera.

Llegué con los ojos cegados de la infancia
y el corazón en blanco, sin historia.
Llegué (Señor, qué imperdonable)
con nueve años solamente.
Llegué, tal vez al mismo tiempo que él
pero en distinto tiempo.

             No lo supe.
(Oh tiempo miserable e injusto).
Estuve allí –quizá lo vi–
pero era tarde.

             Yo era pequeña
y tenía sueño.

             Don Antonio era viejo
y también tenía sueño.
(Señor, qué imperdonable:
haber nacido demasiado pronto
y haber llegado demasiado tarde).

NANA DE LOS LIBROS VIEJOS

Aquel tenducho,
porque verdaderamente
aquello era un cuchitril,
una especie de sotanillo al que se entraba
después de bajar unos cuantos peldaños,
aquel escondrijo al que llamábamos
la tienda verde
puesto que su dueño había pintado la fachada de verde,
aquella cueva era, sin embargo,
la cueva del tesoro.
Allí, democráticamente apilados,
había montañas de libros viejos,
algunos viejísimos,
tan viejos que se les caían las hojas como a los árboles,
otros, más afortunados, habían sido remendados,
como los calcetines o los zapatos.
Porque un libro, señores, es una prenda de abrigo.
Y el dueño de aquella tienda lo sabía.
Por eso, cuando nosotras entrábamos
con nuestro pobre capital,
él nos impartía las oportunas instrucciones
para que nos moviésemos con precaución en su
                                        establecimiento:
nada de manoseos con los libros,
los libros se desgastan, se estropean,
se les rompen las hojas o se les caen
y ya no abrigan, ya no sirven.

Muchísimo cuidado con los libros,
sobre todo, con los que están encuadernados:
un libro encuadernado es algo serio,
las pastas son como las paredes de una casa,
y dentro de esa casa podemos encontrar de todo.
Por eso el dueño de la tienda nos decía:
un libro encuadernado es un tesoro
y los tesoros, ya se sabe, cuestan caro.
Nosotras mirábamos con avidez los libros,
sobre todo los viejecitos,
los que tenían aire de perro apaleado;
y eran como de la familia
y además tenían la ventaja de ser muy baratos.
Claro que, como decía el dueño,
aquellos pobretones debían abrigar muy poco.
Pero nos daba igual, ya los arreglaríamos en casa.
Así que hacíamos tres montones
Y el dueño nos cobraba una peseta
por aquella montaña de desperdicios,
aunque antes de marcharnos
nos decía muy claro:
me los tenéis que devolver el lunes,
y no creáis que no sé yo las hojas que tiene cada uno.
Y el sábado empezaba la aventura
porque lo que el librero no sabía
era que en cada libro había una mina
y a veces, cuanto más viejo el libro
mejor era la mina.

Y aquellas páginas marchitas
calentaban como una gran hoguera.
Y así, durante muchos sábados y domingos,
rodeadas de desperdicios ilustrados,
vivimos el milagro de abrigarnos
con las maravillosas páginas de Tolstoi en *Resurrección,*
o con las aventuras de Marck Twain,
con las desdichas de las *Pobres gentes,* de Dostoiewsky,
con los *Viajes de Gulliver.*
Pasamos hambre con Knut Hamsun y comimos su *Pan.*
Viajamos al espacio y al fondo de los mares con Julio Verne.
Aquellos desperdicios de papel, desencuadernados y rotos,
fueron para nosotras
la deslumbrante Biblioteca de Alejandría.
Nadie ha tenido una universidad más mágica que aquella.

MONÓLOGO

Penélope: ¿te acuerdas
de aquel esfuerzo siempre desmentido?
¿Te acuerdas de aquel trabajo
puntual y minucioso
y siempre tan inútil?
¿Te acuerdas de la tela sutil y misteriosa
que ni siquiera tú podías nombrar
porque indecisamente
hoy era táctil y asequible
y mañana inaudita?
¿Recuerdas esa historia de espanto,
tu paciencia de delincuente,
Penélope, recuerdas?
Era un tejido tan imposible como el tiempo:
lo hiciste para cubrir aquellas tus heridas
y para responder al miserable eco
que golpeaba ya no sabes bien
si sobre ti o dentro de ti misma.
Fue un manto de palabras
inútiles y hermosas como son
los hermosos consuelos que ahora
"me prodigas, Ulysses".

LOS BIENAVENTURADOS

... ellos poseerán la tierra

Los fieles, los constantes,
los condenados a lo eterno,
los asombrados de una sola vez,
los que sólo confían en el miedo,
los que edifican sobre el desengaño,
los cuidadosos que cosechan pasos,
los fareros de la rutina,
los cómplices tenaces del trabajo,
los que se mueren razonablemente,
esos que en tantas ocasiones
desearían con urgencia
que hubiese un dios al que pedir socorro.

TARDES

A mi hija

Estas tardes tan dulces,
tan inciertas como la vida.
Estas tardes que son tan caedizas,
tan en amoroso declive,
que vienen no se sabe de dónde
si no es de un gesto de ternura del planeta.
Estas tardes afirmativas en su incertidumbre,
apoyadas aún sobre la risa de la luz,
pero de espaldas, entornadas como un párpado,
lejanas como la inocencia.
Estas tardes que alientan como un nido,
que bajan, que descienden
de un cielo tan incierto como ellas,
tan dulce y misterioso como ellas.
Estas tardes, Dios mío,
tan crueles y caritativas,
estas tardes que propagan la vida como un adiós,
estas tardes que son un llanto interminable
y una alegría hundida, vegetal,
una alegría irreparable,
una alegría como un pájaro
o como la tibia mano de mi hija
que, dulcemente,
testarudamente,
tira de mí mientras la tarde,
equitativa,
nos ofrece a las dos su último vaho
y un horizonte milagroso.

LA LLUVIA

A mi madre y mis hermanas

Alguna vez fui niña
allá en tierras francesas.
Alguna vez, mientras papá pintaba,
yo contemplaba el bulevar
con ojos asombrados:
lo veía surgir de entre la lluvia
y lo escuchaba gotear
en los pinceles de mi padre.
Iba creciendo la pintura calurosamente
y otro calor se alzaba en mí
como un alivio.
Pensé: qué bien quiere papá,
qué manera tan inocente de mirar:
de nuevo está naciendo el bulevar,
la lluvia, el mundo.

EL ETERNO RETORNO

Convendría
reinventarlo de nuevo todo:
reinventar la gramática y la historia,
reconstruir la geografía,
cambiar la Luna, conservar el Sol
para no equivocarnos en los cambios
y porque siempre es necesario
tener un punto de partida.
Y desde ahí,
desde la desnudez que da la luz,
empezar otra vez esta mentira.
Empezar otra vez a ser los mismos,
inventarnos palabras
para tapar los gritos del silencio,
decir amor
para que el miedo no nos mate.
Y llamar Luna a cualquier cosa que nos cuelguen del cielo
y dé una luz escasa y mortecina.
Después: contar la historia.
Y empezar a pensar que convendría
reinventarlo todo de nuevo.

¿LLUEVE TAMBIÉN POR DENTRO, ROSALÍA?

Hay tiempos en que llueve siempre. Tú lo sabes mejor que nadie. Qué raro debe ser ir por la vida sin que el agua te cale hasta los huesos. Llueve desesperadamente en tus poemas, como llovió sobre tu vida. ¿Llueve también por dentro, Rosalía, como decía Verlaine, allá en su Francia? Experta en aguaceros y en saudades, quiero pensarte lejos del orballo, de ese orballo tozudo y persistente que te anegó los versos y la vida, quiero pensarte al sol como los trigos, cerca de la montaña o el desierto, mirando un mar de arena transparente, reclinando la frente en las palmeras mientras las aguas cálidas del Nilo te acarician los pies sin sobresalto. ¿Me sonríes, cuitada, te hace gracia este sueño imposible que te ofrezco? ¿Vas a decirme ahora, niña mía, que sigue diluviando entre tu sangre? No me digas, por Dios, que no hay manera, no me digas que llueve, que no amaina. No sabes lo que dices, no te enteras, hace ya mucho tiempo que no llueve, que no ha vuelto a llover, querida mía. Fíjate si hace tiempo, que hasta el clavo, aquel terrible clavo, se ha oxidado.

EL ORÁCULO

Has ido una vez más hasta la orilla
y esta vez has mirado el horizonte
con la avidez del fugitivo.
Te has preguntado con tristeza
quién notaría en Ítaca tu ausencia:
el mar hacia el que siempre miras,
el cielo al que nunca preguntas,
la tierra que te espera segura.
Naturaleza impávida son tus vínculos.
¿Piensas ahora en destruirlos,
piensas en escapar negando
ese sendero que han formado tus pies?
Lo sientes, no lo piensas,
no se puede pensar la ruina.
Miras las aguas con premura:
con premura cansada.
Eres como un oráculo que no cree en el futuro.

PAISAJES DE PAPEL

Aquella infancia fue más bien triste.
Ser niño en el cuarenta y dos parecía imposible.
Nuestra niñez era una mezcla de comprensión y aburrimiento.
Éramos serios y aburridos.
Recuerdo aquellas tardes; eran como el mundo era entonces:
sin resquicios y tristes.
Veo a mis pocos años observar con ahínco,
tras el cristal opaco, la calle larga y gris;
el sol estaba lejos y era lo único barato,
lo único que traía alegría sin exigirnos nada.
Veo a mi niña, adulta y consecuente
con un programa bien trazado:
crecer, crecer muy pronto, darse prisa
—ser niño era una carga demasiado pesada
para nosotros y para los grandes—.
Sólo en verano el mundo parecía asequible,
durante tres o cuatro meses saltar, correr, era la vida.
Lo gris volvía siempre muy pronto.
Un día amanecimos lentas, crecidas,
llenas de miedo, de presente.
Buscábamos palabras en el diccionario
con el afán de comprenderlo todo:
necesitábamos hacer lenguaje.
Algunos nos miraron con asombro,
decían que éramos inteligentes.
Nosotras, durante los dolientes domingos
dibujábamos inseguros paisajes.
Durante mucho tiempo ésas fueron todas mis excursiones.

Salir a un campo que no fuera pintado
suponía gastar unos zapatos.
Salir, salir, ese era el sueño,
abolir a las trenzas, inaugurar la barra de labios:
¡mi reino por un trabajo!
¿Cómo rendir ahora un homenaje a aquellos días?
¿Cómo añorarlos sin desconfianza?
Se arrugaron, igual que los paisajes de papel,
mientras crecíamos hacia este desconsuelo que hoy nos puebla.

Testigo de excepción

Un mar, un mar es lo que necesito.
Un mar y no otra cosa, no otra cosa.
Lo demás es pequeño, insuficiente, pobre.
Un mar, un mar es lo que necesito.
No una montaña, un río, un cielo.
No. Nada, nada,
únicamente un mar.
Tampoco quiero flores, manos,
ni un corazón que me consuele.
No quiero un corazón
a cambio de otro corazón.
No quiero que me hablen de amor
a cambio del amor.
Yo sólo quiero un mar:
yo sólo necesito un mar.
Un agua de distancia,
un agua que no escape,
un agua misericordiosa
en que lavar mi corazón
y dejarlo a su orilla
para que sea empujado por sus olas,
lamido por su lengua de sal
que cicatriza heridas.
Un mar, un mar del que ser cómplice.
Un mar al que contarle todo.
Un mar, creedme, necesito un mar,
un mar donde llorar a mares
y que nadie lo note.

LOS TRESCIENTOS ESCALONES

Estaba todo quieto en la casa apagada.
Hasta el día siguiente, hasta sabe Dios cuándo
el silencio reinaba como un ídolo antiguo.
No funcionaban las leyes de tráfico,
esas imprescindibles ordenanzas
que hay que acatar para transitar el pasillo.
Es como si la noche propusiera una tregua,
como si al apagar la luz se apagara el peligro.
Escucho. Nada. Todos callan unánimes.
Mirar la oscuridad es profesar de muerto:
los ojos van de lo negro que nos habita
a lo negro que nos envuelve.
Somos los apagados, los ausentes,
los que gavillan tiempo en sus muñecas;
somos los auditores del silencio
y ese silencio es como un túnel por el que sólo avanza el tiempo.
No ver, no estando ciegos, es hundirse en el tiempo.

El armario, con su puerta entreabierta, da a las costas de Francia.
Oigo los barcos que salen o entran por el puerto del Havre.
Veo tres niñas muy contentas, en Barcelona,
porque se iban de viaje:
se acababan los bombardeos,
ya no tendrían que esconderse debajo de aquella escalerita
que conducía a las habitaciones superiores
mientras oían, espantadas, el agudo silbido de las bombas.
Nos íbamos, nos íbamos a Francia.
Y así, llegamos a Bañolas:

nosotras contentísimas de ver el lago,
papá, mamá y la abuela
arrastrando su corazón, empujándolo a la frontera.
París fue para mí, durante mucho tiempo, un gato.
Había un gato en aquella pobre pensión en que vivimos,
un gato que dormía al lado de una estufa.
Yo nunca vi París: tan sólo vi ese gato.

Y nos fuimos al Havre para tomar un barco.
Nosotras con dos muñecos y un monito,
papá con su caja de pinturas y un sueño acorralado,
un sueño convertido en pesadilla,
un sueño multitudinario
arrastrado como único equipaje
por una inmensa procesión de solos.
Pero aquel barco no llegó a su puerto:
esperamos, mientras mamá, para alumbrarnos,
cantaba algunos días *El niño judío:* «De España vengo,
                                                        soy española».
No llegó el barco. Llegaron aviones alemanes.
Hubo que caminar a gatas por las habitaciones del hotel,
que estaba frente al puerto.
Aquel hotel tenía un nombre,
se llamaba «La Rotonde de la Gare».
Papá pintaba. Y como Modigliani,
iba a ofrecer sus cuadros a las gentes. Tampoco a él le
                                                        compraban.
Nosotras aprendimos francés en dos semanas.

El reloj de La Gare ha dado un cuarto,
papá me dice que levante la cara un poco más,
dos o tres pinceladas y termina el retrato.
Mi padre, no sé bien por qué, me pintó de japonesa.
Para siempre quedé con mi abanico,
con los ojos ligeramente oblícuos y asombrados,
en una edad más bien indefinida
y con una diadema de pensamientos sobre el pelo.

Papá, vamos al puerto, vamos al puerto ahora que hay tiempo
y luego vámonos corriendo a ver el Bois des Hallates,
vamos, que se perdió tu cuadro y ya sólo podré verlo contigo
                                          y para siempre.

Papá, perdimos tantas cosas
además de la infancia y los trescientos escalones que tú
                                          pintaste
nunca he sabido si para decirnos que había que subirlos
                                          o bajarlos.
Y ahora pienso, desde tu mano que me ayudaba a
                                          recorrerlos,
que tal vez me dijiste entonces
que había que subirlos y bajarlos
y para eso los pintaste
y para eso pasaste días enteros
pintando una escalera interminable,
una hermosa escalera rodeada de árboles y árboles,
llena de luz y amor,
una escalera para mí,
una escalera para que pudiera subir,
vivir,

y una escalera para descender,
callar,
y sentarme a tu lado como entonces.

Me he levantado para cerrar la puerta del armario.
Está mi casa sosegada,
apenas en el aire zumba tenue la remota sirena de un barco.
Los que más amo duermen:
mi hija, arropada en sus nueve años
y Félix indefenso ante sus treinta y ocho.
Al fin se extingue el eco de los barcos.
Vuelvo a la cama.
–Buenas noches, papá. Hasta mañana si Dios quiere. Que
descanses.

LA LIBERTAD

Una pequeña vida dentro del mundo,
una pequeña parte de otras vidas,
una porción exigua de fragmentos,
un manojo de vagas procedencias,
una pequeña duda frente a tantas
seguridades angustiosas,
una pequeña vida, un torbellino
de desgarrones acorralados,
una epidemia de vacilaciones,
una historia infantil llena de sangre,
un haz de intentos destruidos,
un tiempo amanecido antes de tiempo,
y un resultado, siempre un resultado,
y alguien que llora y se rebela,
alguien que no recuerda en qué momento
se quedó muerto para siempre.

OBRA MAESTRA

Lo estoy haciendo bien;
lo estoy haciendo
cada vez mejor.
Finalmente
perderé el corazón.
Pero eso no tiene importancia.
Lo principal
es la eficacia.
Lo estoy haciendo bien;
lo estoy haciendo
cada vez mejor.

PROPIETARIOS

Porque no poseemos nada,
ni siquiera la vaga sombra de futuro
que a nuestra infancia responsable pervertía.
Porque no somos dueños de nada,
ni aun del propio dolor
que con asombro hemos mirado tantas veces.
Porque, sin duda, tener no es lo nuestro,
y sí soñar desesperadamente
que todo lo tenemos al borde de la mano,
de esta tozuda mano que nos nombra
con más rigor que un apellido.

Dueños de desearlo todo: qué tristeza.
Dueños del miedo, el polvo, el humo, el viento.

APRENDER A MIRAR

Aprender a mirar de otra manera.
Aprender a confiar de un nuevo modo.
Aprender a esperar
como si el mundo se estuviera haciendo.
Aprender, aprender...
Aprender todo desde el entusiasmo
sin apoyar el corazón en lenguas muertas.
Aprender a vivir
continuamente:
ser los discípulos
de un profesor que no da títulos
que ejerce una sabiduría
provisoria y mudable:
ser los aficionados al conocimiento
los aprendices
para simpre
los que se morirán
ignorantes
de casi todo.

TRAVESÍA PELIGROSA

Iré más allá:
más allá de América
y más allá de la acera de enfrente.
Más allá del mar
y más allá de los libros.
Más allá de mi propio corazón
y más allá de la música.
Iré más allá de las estrellas
y más allá de las lágrimas.
Más allá de la sabiduría
y más allá de la inocencia.
Más allá de la fe
y más allá del amor.
Y cuando el más allá se convierta en el acá cercano,
regresaré,
y como en los buenos tiempos
haré la peligrosa travesía
de tomar una taza de café.

HOMENAJE I

Me moriré en Madrid
un día cualquiera
me moriré sin aguacero
me moriré
sin que suceda nada
sin que nadie me pegue
sin causa sin motivo
me moriré
de un silencio mayor que yo
mayor que el mundo
Y se me irán quedando
marchitas las palabras
y se me irán cayendo
como las hojas de los árboles
y el silencio
como un musgo veloz
me irá invadiendo
hasta dejarme muerta
y silenciosamente

PAVANA DEL DESASOSIEGO

Y de pronto la vida se explica de otro modo,
y nuestro corazón se vuelve loco.

Todo se ha transformado en un instante,
los árboles susurran como niños
que estuviesen contándose un secreto.

Desde algún territorio inolvidable
llega el canto coral de las ballenas.

Tú te sientas al borde de la música,
hundes tu corazón en los abismos
de una luz que propaga un fresco aroma
de naranjos en flor, de caracolas,
de miradas que brotan como espigas
y que vuelven de no se sabe dónde.

El tiempo te acompaña enternecido
y en la penumbra llora una guitarra
una canción para que duerma el mundo.
La voz de la piedad cruza el silencio:
escondida en la música, la vida
cuenta la historia de su amor secreto.

Ay amor, loco cisne abandonado,
ay amor, que una vez nos contaste tu leyenda
para marcharte luego a recorrer el mundo.

Ay amor, ay amor, dulce alimaña,
doméstico caimán que nos devora
sin dejar de llorar desconsolado, ay amor,
que te fuiste tan pronto, tan sin causa,
cuando dolías tanto que pensábamos
que ibas a ser eterno.

Y ahora vuelves, regresas con tus lágrimas,
con tus alegres lágrimas traslúcidas,
con tu llanto inmortal y tu rocío,
tu aguacero de ópalos que buscan
las amapolas de nuestro corazón
para condecorarlo de pálida hermosura.

Y de pronto la vida se explica de otro modo
y la tarde regresa a la mañana,
y la noche se enciende como un cráter
que todo lo calienta y lo ilumina.
Y el tiempo, el viejo tiempo abandonado,
escucha la canción de la guitarra,
oye con estupor su anochecida historia.

Dentro de los espejos, los recuerdos
juegan al corro y a las cuatro esquinas
y la música tiembla en el azogue
como una mariposa deslumbrada.

Ay amor, ay amor que nunca acabas,
que regresas cantando tu canción
y a su compás la vida cambia el paso
y de pronto se explica de otro modo
y se encienden las luces de la casa
y todas las ventanas dan al mar.
Ay amor, ay amor que nunca mueres,
que sigues remendándote las alas,
pisando con cuidado los escombros
como si fueran campos de cantueso.

Ay amor, ay amor, luna creciente,
guitarra, clavicordio y violonchelo
de una orquesta que vaga por el aire
regando con su música el desastre
mientras el corazón despavorido
siente cómo lo acunas
con tu pavana del desasosiego.

Epílogo

¿Podría un libro ser un mar?, «¿un agua misericordiosa en la que lavar el corazón?». La respuesta a esa pregunta, que se corresponde con unos versos del poema de Francisca Aguirre *Testigo de excepción* ha configurado *La tibia mano de mi hija*. Un libro que no solo da cuenta de la historia familiar de Francisca Aguirre y Guadalupe Grande, poetas y referentes literarios de la poesía española desde mediados del siglo xx, sino que pretende ser *testigo de excepción* o memoria de tantas mujeres y hombres víctimas del desamparo que sembró la Guerra Civil Española y su posguerra; memoria con la caligrafía de un tiempo arrebatado por la tragedia que suele acompañar al acto de fuerza y al que Antonio Machado se refirió afirmando: «Hoy es siempre todavía».

El presente expresado por el *hoy* machadiano se ha materializado finalmente en esta obra, que pretende mostrar lo mucho que *todavía* queda por hacer desde la creación en libertad; algo no siempre posible en la historia de España, pero sí reivindicable, como veremos, recorriendo las palabras y las imágenes de sus páginas y cuyo proyecto, paradójicamente, tuvo su comienzo como consecuencia de un final: la muerte de Francisca en 2019. Y, porque es posible que un libro pueda ser un mar, un espacio inabarcable y claro que sane las heridas con su materia salina y sea memoria, en este proyecto se ha conseguido finalmente fraguar la idea que gesté junto a su hija, Guadalupe Grande, antes de que ella también falleciera el 2 de enero de 2021.

Como decía, tuvieron que transcurrir algunos años, en los que manejé el material gráfico de Guadalupe, para poner en marcha aquel primigenio propósito, teniendo como hilo conductor la obra poética de Francisca Aguirre en simbiosis con la creación gráfica de Guadalupe Grande, como manera de prestar apoyo al legado moral emprendido por ambas, madre e hija, buscando restituir la dignidad de todas aquellas víctimas que crecieron en el silencio decretado por una inclemente dictadura.

En *Descripción de la mentira,* Antonio Gamoneda, poeta y amigo de la familia Grande-Aguirre, se refirió a esa situación de la necesaria restitución de la memoria afirmando: «¿Qué harías tú si tu memoria estuviera llena de olvido?, ¿qué harías tú en un país al que no querías llegar?». Y, siguiendo su estela, comprendí aún mejor mi necesidad de reivindicar como poeta a aquellos antecedentes morales que suponían para mí las figuras y las obras de Francisca y Guadalupe, ayudando, de este modo, a conformar un ideario poético más enriquecedor y perdurable en la colectividad y, por tanto, en el *todavía* machadiano de nuestra poesía actual.

Francisca Aguirre nació en 1930 y tuvo la fortuna de rozar con las puntas de los dedos el parnaso de la cultura y el período de mayor esplendor que ha dado la historia de España a nivel educativo con el Gobierno de la II República. Pero también tuvo la mala suerte de habitar, como diría Rimbaud, «una temporada [muy extensa, por cierto] en el infierno», pues seis años después estallaba la Guerra Civil Española. Francisca tenía sólo seis años y a este desastre habría que sumarle después la enorme desdicha que, para su vida, supuso un larguísimo período de posguerra.

Como suele suceder en el devenir de la historia, nada estaba previsto. El padre de Francisca, el pintor Lorenzo Aguirre, sería ejecutado a garrote vil en la cárcel de Porlier, con 58 años, por su fidelidad a la República. Ya con 12 años, la poeta inició una triste andadura por la posguerra española acompañada de sus tres hermanas y su madre; y juntas, las cuatro, tuvieron que reinventarse el mundo. Francisca lo hizo siguiendo la estela de sus referentes literarios, como ella misma relata en su poema *Frontera*. Pero tuvo que partir de cero, puesto que debemos dejar constancia de que una manera de castigar doblemente a las víctimas represaliadas por el franquismo consistía en confiscar o destruir las bibliotecas de aquellos intelectuales que habían caído bajo sospecha o eran ejecutados. En este caso, hicieron desaparecer la biblioteca que Lorenzo Aguirre había dejado antes de partir al exilio y en la casa familiar solamente consiguieron salvar sus cuadros. Junto a aquellos cuadros, estas cuatro mujeres construyeron, entre el hambre y la pobreza, como diría su nieta, Guadalupe Grande, «una vida mejor».

Por todo ello, la reconstitución de la memoria fue el tema predominante en la obra poética de Francisca Aguirre y también atravesó la obra literaria y gráfica de Guadalupe Grande; sírvannos como ejemplo los *collages* que ilustran los textos de esta antología, en donde advertimos la recreación de un imaginario singularísimo, que representa un ideario claramente solidario con el Gobierno de la II República. Poemas visuales que Guadalupe crea interviniendo fotografías antiguas de los ancestros de la familia Aguirre, utilizando la técnica del *collage* digital, para recomponer ese pedazo de la historia más oscura de nuestro país. Así, por poner un ejemplo, conseguirá arrancar de entre las brumas la representación de un barco lleno de niños que zarpa hacia un mar de papel, emprendiendo un largo camino hacia el exilio; un exilio que podría ser la antesala de un futuro prometedor y que podría traer a nuestro pensamiento las colonias infantiles que los maestros Ángel Llorca y Justa Freire instalaron en Levante durante la Guerra Civil, para dar cobijo a las niñas y niños que habían quedado huérfanos tras el bombardeo al Grupo Escolar Cervantes en la asediada ciudad de Madrid.

El episodio del exilio de Lorenzo Aguirre junto a su madre, su esposa y sus tres hijas, así como esa promesa de futuro truncado que supuso para la familia la ciudad de París, fue muy recurrente en la obra de Francisca Aguirre y se convierte también, como indicaba anteriormente, en una especie de obsesión en la obra poética y gráfica de Guadalupe Grande.

Hay una imagen reiterativa en los *collages* de Guadalupe Grande, que consiste en la superposición de los ojos de los familiares (madre, abuela, abuelo, tías) sobre la parte facial en la que sería de esperar que aparecieran los ojos de cada uno de ellos, configurando, de esta manera, figuras en forma de deidades capaces de proteger a sus seres queridos a través de la mirada que sería símbolo de luz.

La obra literaria de Francisca Aguirre no solo representa una de las voces más preeminentes de la poesía de nuestro país, sino que su voz poética constituye un documento de nuestra historia de gran rigor intelectual, puesto que su testimonio, durante la larga posguerra española, mantuvo viva la reivindicación de la restitución moral de esa otra España, olvidada y represaliada tras la Guerra Civil.

Este libro se configuró como la idea de un libro a cuatro manos; un libro que, durante mucho tiempo, me generó la sensación de no haber llegado a tiempo o, como dejó escrito Francisca Aguirre: «Señor, qué imperdonable: haber nacido demasiado pronto y haber llegado demasiado tarde». Pero, llegando a este ahora, justo al punto en que *La tibia mano de mi hija* emprende su camino, me doy cuenta de que no es así, de que este libro ha llegado para dar cuenta de la memoria de nuestra poesía, tal y como dejó escrito Antonio Machado:

«Hoy es siempre todavía».

RAQUEL RAMÍREZ DE ARELLANO

Selección de Raquel Ramírez de Arellano

© del texto: Francisca Aguirre
© de las ilustraciones: Guadalupe Grande
© del epílogo: Raquel Ramírez de Arellano, 2024

© de esta edición: Kalandraka Editora, 2024

Rúa de Pastor Díaz, n.º 1, 4.º B. 36001 – Pontevedra
Tel.: 986 860 276
editora@kalandraka.com
www.kalandraka.com

Impreso en Gráficas Anduriña, Poio
Primera edición: noviembre, 2024
ISBN: 978-84-1343-302-8
DL: PO 412-2024

Esta obra ha recibido una ayuda a la edición
del Ministerio de Cultura y Deporte